CATALOGUE
D'OBJETS D'ART

ET DE HAUTE CURIOSITÉ,

Bronzes, Groupes et Statuettes du XVIe siècle ; Groupes
en terre cuite de Clodion et François Flamand ; Coupes
en matières précieuses ; très beaux Ivoires sculptés ;
Vases, Brûle-parfums en bronze de Tonquin incrustés
d'argent et autres objets remarquables.

PROVENANT DU CABINET

De feu M. le Baron (ROGER,)

DONT LA VENTE SE FERA,

EN SON HOTEL,

RUE BERGÈRE, N. 4,

Les Lundi 20, Mardi 21 et Mercredi 22 Décembre 1841,

Par le ministère de Me BONNEFONS DE LAVIALLE,
Commissaire-Priseur, rue de Choiseul, n. 11,
Assisté de M. MANNHEIM, rue de la Paix, n. 8.

EXPOSITION PUBLIQUE

Les Vendredi 17, Samedi 18 et Dimanche 19 Décembre 1841, de midi
à cinq heures.

Première Partie.

LE CATALOGUE SE DISTRIBUE, A PARIS,

Chez MM. BONNEFONS DE LAVIALLE, rue de Choiseul, n. 11;
MANNHEIM, rue de la Paix, n. 8.

A LONDRES,

Chez MM. TOWN et EMANUEL, new Bond-Street, 103.

A BRUXELLES,

Chez M. HERIS, rue Royale, n. 104.

A AMSTERDAM,

Chez M. BRONGHEST.

1841

CATALOGUE
D'OBJETS D'ART

ET DE HAUTE CURIOSITÉ,

Bronzes, Groupes et Statuettes du XVIe siècle ; Groupes
en terre cuite de Clodion et François Flamand ; Coupes
en matières précieuses ; très beaux Ivoires sculptés ;
Vases, Brûle-parfums en bronze de Tonquin incrustés
d'argent et autres objets remarquables.

PROVENANT DU CABINET

De feu M. le Baron ROGER,

DONT LA VENTE SE FERA ,

EN SON HOTEL,

RUE BERGÈRE, N. 4,

Les Lundi 20, Mardi 21 et Mercredi 22 Décembre 1841.

Par le ministère de Me BONNEFONS DE LAVIALLE,
Commissaire-Priseur, rue de Choiseul, n. 11,
Assisté de M. MANNHEIM, rue de la Paix, n. 8.

EXPOSITION PUBLIQUE

**Les Vendredi 17, Samedi 18 et Dimanche 19 Décembre 1841, de midi
à cinq heures.**

Première Partie.

LE CATALOGUE SE DISTRIBUE, A PARIS,

Chez MM. BONNEFONS DE LAVIALLE, rue de Choiseul, n. 11,
MANNHEIM, rue de la Paix, n. 8.

A LONDRES,

Chez MM. TOWN et EMANUEL, new Bond-Street, 103.

A BRUXELLES,

Chez M. HERIS, rue Royale, n. 104.

A AMSTERDAM,

Chez M. BRONGHEST.

1841

AVERTISSEMENT.

La réunion d'objets d'art et de haute curiosité dont nous donnons ici le catalogue, est une partie intéressante des collections formées par feu M. le baron Roger. Les objets se trouvaient déjà classés dans son musée dès l'an VIII de la République.

On y rencontre des morceaux très remarquables dans presque tous les genres, parmi lesquels il nous suffira de citer :

Les deux beaux vases et brûle-parfums en bronze du Tonquin, incrustés d'argent.

Les groupes en terre cuite de Clodion et de F. Flamand.

Les groupes et statuettes en bronze du xvie siècle.

Les coupes en matières précieuses, parmi lesquelles un superbe trépied en lapis lazuli.

Les ivoires sculptés, parmi lesquels un très beau Christ de Girardon et d'autres pièces remarquables détaillées dans le catalogue.

M. le baron Roger, avec la passion des arts, avait aussi le goût le plus éclairé qui lui faisait repousser tout ce qui était médiocre et n'enrichir ses collections que des objets les plus précieux sous le rapport de l'art ou de la matière.

Il ne les montrait qu'aux véritables connaisseurs, et parmi la réunion exposée aux regards du public, il n'y en a qu'un bien petit nombre que MM. les amateurs puissent se rappeler avoir vu. Nous espérons donc qu'elle offrira le mérite de la nouveauté, la pureté première et la parfaite conservation des objets qui n'ont jamais eu à souffrir que de la main du temps.

Les objets seront vendus dans leur ordre numérique, vacation par vacation.

Cinq pour cent en sus des enchères, applicables aux frais.

CATALOGUE

D'OBJETS D'ART ET DE HAUTE CURIOSITÉ.

PREMIÈRE VACATION.

Lundi, 20 décembre 1841.

1 — Quatre petites tasses et leurs soucoupes, en porcelaine de Chine, dont deux fond chocolat gravées en creux, et deux fond blanc dessin bleu ; une des soucoupes fracturée.

2 — Cinq petits flacons, porcelaine de Chine.

3 — Trois autres petits flacons et deux soucoupes, en porcelaine de Chine.

4 — Une tasse et sa soucoupe, en porcelaine de Chine, et une tasse du Japon, fond vert.

5 — Deux casse-têtes, en bois de fer, gravés, armes des Indiens insulaires de la Mer du Sud.

6 — Trois objets dont deux médaillons en bronze doré par Bardou : éléphant et rhinocéros, et un tryptique gréco-russe en cuivre jaune.

7 — Deux tasses et leur soucoupe, en porcelaine de Sèvres ; pâte dure, ornements et médaillons.

8 — Une boîte et son couvercle, forme ronde, en jaspe veiné jaune, et une coupe en marbre, orbiculaire.

9 — Un coffret à bijoux., en agate d'Allemagne jaspé, monté en cuivre doré.

10 — Une figurine, en biscuit de Sèvres : Jeannot portant une lanterne.

11 — Une boîte ronde et son couvercle, en bronze du Tonquin, à ornements repercés à jours, sur fond doré.

12 — Un casse-tête en ivoire, dont la masse est sculptée.

13 — Deux statuettes en terre cuite : Parthes prisonniers, d'après l'antique.

14 — Un bas-relief de forme ronde, en bronze, sujet pastoral.

15 — Une statuette en bronze moderne : copie de la Vénus de Milo.

16 — Un médaillon en bronze, travail du xvie siècle : portrait de Renaud Biragus, chancelier de France.

17 — Un cheval se cabrant, en bronze doré, travail italien du xvie siècle, sur socle, fût de colonne en marbre jaune, plinthe en marbre blanc.

18 — Un bas relief rond, en bronze, combat d'hommes à cheval, travail du xvie siècle.

19 — Une grande belle cafetière en pierre de larre rouge, fond écailles, dorée, à figures et paysage en relief.

20 — Un bas-relief en bronze, forme carrée, sujet sainte Famille, travail très fin du xvie siècle, cadre à moulures sur ébène.

21 — Deux haut-reliefs ronds en bronze vert, co-

lombes se becquetant, par Tauré, cadre en bois doré.

22 — Une peinture sur émail de Limoges : Contemplation.

23 — Saint Jérôme, tableau peint en grisaille sur émail de Limoges, par Nouailher.

24 — La Circoncision, émail de couleur, très fin, italien.

25 — Deux vases, forme Médicis, sur socle carré, en marbre serpentin.

26 — Enfant tenant une lyre : Génie de la musique, bronze moderne, sur socle en jaune de Sienne.

27 — Statuette : Vénus se drapant, ancien bronze français.

28 — Statuette : le Gladiateur, petit modèle avec inscription, ancien bronze français.

29 — Une Muse tenant une couronne, terre cuite, par Clodion ; une des mains est restaurée.

30 — Buste de jeune fille, terre cuite, par Clodion ; le cou est restaurée.

31 — Un Christ en ivoire sculpté, sur croix en bois noir.

32 — Une boîte forme de cippe en ivoire sculpté, sujet Bacchanale ; le couvercle et le fond intérieur sont ornés de bas-reliefs en argent.

33 — Deux éléphants en ivoire sculpté, travail ancien, fruste.

34 — Un couteau persan, manche en agate veiné

rouge, la gaîne garnie d'argent doré et niellé.

35 — Un couteau et sa fourchette, manche en argent, dans leur gaîne montée de même, gravés, dorés et niellés, portant une inscription, et garnis de leur chaîne de suspension, travail oriental.

36 — Un poignard indien, la garde en acier, damasquiné d'or.

37 — Autre poignard persan, lame en damas, manche en ivoire.

38 — Couteau-poignard persan, lame damas, poignée en jade, forme tête de cheval, gaîne velours rouge, garnie en cuivre doré.

39 — Une statuette en bronze florentin, Vénus accoupie sortant du bain, travail du xvie siècle.

40 — Une statuette en bronze florentin, Vénus pudique, travail du xvie siècle.

41 — Une négresse, jolie statuette en bronze florentin du xvie siècle.

42 — Une grande coupe ronde en jade vert, l'anse prise dans la masse ; objet capital sous le rapport du volume.

43 — Une jolie théière de forme hexagone, couvercle en jade blanc, l'anse et le goulot pris dans la masse, ornée de fleurs et inscriptions gravées en relief.

44 — Autre belle théière en jade blanc et son couvercle, forme cylindrique, tronçon de bambou, l'anse et le goulot de même, pris dans la masse, l'anse et le couvercle à ornements gravés en relief.

45 — Deux jolis petits bustes de femmes, terre
cuite, par François Flamand (restaurés).

46 — Une figurine en bronze florentin doré, Jupiter, travail du xvie siècle.

47 — Un très beau pied d'ostensoir en argent doré,
sujet de la Passion, repoussés ne haut-relief,
ancien travail allemand.

48 — Une très belle horloge à dôme, travail de la fin
du xvie siècle, en cuivre, gravée, repercée à
jours et dorée, supportée par quatre petits
lions. Le dôme orné d'une figure d'ange.
L'étui dans lequel cette horloge est renfermée, parsemé de fleurs de lis et lettres initiales, nous fait supposer que cette pièce a
appartenu à Gaston d'Orléans.

49 — Autre horloge très curieuse : une sphère céleste
supportée par Pégase, le tout en argent ciselé, gravé et doré en partie, portant le nom
de l'artiste Emmoser, horloger de l'Empereur, et la date (Vienne, 1579). Nous recommandons cette belle pièce à MM. les amateurs.

50 — Un bas-relief carré, en terre cuite, par Clodion :
Offrande à l'Amour.

51 — Un haut-relief carré, en terre cuite, par Clodion : Satyre et Enfants.

52 — Une hache d'armes en jade vert ; la hampe, en
peau de requin, est garnie d'argent ciselé
et doré.

53 — Un bâton d'appui de derviche, en fer damas-

quiné or, et très riche d'inscription ; la tra-
duction s'y trouve attachée.

54 — Une masse d'arme en agate, montée en argent doré, la pointe ornée d'un petit lion
couché en vermeil.

55 — Autre masse d'armes en fer doré et gravé en
partie, dans son étui du temps.

56 — Joli groupe en terre cuite par Clodion : Bacchante assise, tenant une coupe, et jouant
avec un jeune enfant ; à ses côtés un tam-
bourin chargé de raisin.

57 — Deux haut-reliefs en bois finement sculpté par
Demontreuil, en 1791, sujet, Serins suspen-
dus par une pate.

58 — Autre production plus capitale du même artiste,
représentant un nid d'oiseaux de la plus
grande finesse, suspendu dans des branches
de rosier, et une mère apportant à manger à
ses petits.

59 — Un bas-relief en ivoire sculpté, sujet bachique,
travail flamand, cadre en bois doré.

60 — Un petit groupe en ivoire sculpté : femme embrassant un nain, monté sur fût de colonne
en granit rose, garni de bronze doré.

61 — Un groupe en ivoire sculpté, ancien travail
flamand, trois enfants portant un qua-
trième.

62 — Un beau cippe en ivoire sculpté en haut-relief,
ancien travail allemand, sujet mytholo-
gique.

63 — Un très grand et très beau cippe en ivoire
sculpté en haut-relief, ancien travail fla-

mand, d'une belle exécution; sujet, les Trois Grâces et trois petits Cupidons entrelacés.

64 — Le Taureau de Farnèse, grand modèle, ancien bronze d'une belle patine.

65 — Un joli buste d'enfant, grandeur demi-nature, en bronze florentin d'une belle exécution, sur piédouche en marbre vert antique.

66 — Un groupe de deux figures en argent, d'une fonte très légère, travail italien ancien; sujet : Enlèvement d'une Nymphe.

67 — Un grand et beau Christ d'un seul morceau, en ivoire sculpté, d'une belle exécution.

68 — Deux grands beaux vases, forme amphore, évidés, en rouge antique; les anses ont été prises dans la masse et restaurées.

69 — Deux vases forme ovoïde, et leur couvercle en prime d'améthyste, d'une grande dimension, quant à la matière, montés en bronze doré au mat, époque de l'Empire.

70 — Un très grand groupe composé de cinq figures en terre cuite, par Clodion : deux bergers portant une bacchante, et deux jeunes enfants sur les épaules et à leurs côtés un des pieds de la bacchante a été restauré.

71 — Deux tableaux bas-reliefs en cire jaune, sur fond noir, par Gérard (sculpteur); sujets : Jeux divers, gymnastique; travail très fin.

72 — Un très grand et très beau groupe en bois sculpté, par Montreuil : Nid d'oiseaux suspendu dans des branches de chêne, la mère donnant à manger à ses petits, et au pied de

de l'arbre, le père défendant les siens con-
tre un lézard qui cherche à s'approcher.

DEUXIÈME VACATION.

Mardi 21 *décembre* 1841.

73 — Deux petits socles, fûts de colonnes, en porphyre oriental, montés en bronze doré.

74 — Deux petits bas-reliefs, têtes d'empereurs,
appliquées sur marbre blanc, orné de pierres
dures, dont quatre intailles.

75 — Trois objets de Chine, dont une petite tasse à
anse, en laque rouge, ornements, feuilles
en relief, fond et doublure en argent; une
petite théière, et une tasse formée d'un
fruit et d'une feuille, en terre de Bocaro.

76 — Deux objets de Chine, dont une petite chimère en céladon violet, sur socle en bronze
doré, et un petit sucrier carré, couleur bleu
de Perse, et surmonté d'une petite chimère,
doré en partie.

77 — Deux petits vases aiguières, en verre couleur
bleu turquoise, montés finement en bronze
ciselé et doré.

78 — Deux petits vases à grosse panse, en terre de
Bocaro gaufrée, ancienne monture en
bronze doré.

79 — Deux jolies petites figurines en bronze, copies
d'après l'antique : Hercule au repos, tenant
dans sa main droite les fruits des Hespé-

rides, et une femme tenant de sa main gauche une couronne de fleurs; les draperies
et la ciselure sont très belles, sur socles en
Jaspe de Sibérie.

80 — Deux tasses et leur soucoupe en bronze
du Tonquin, ornements en relief, et doré
en partie.

81 — Une boîte ovale, en bronze du Tonquin, ornements en relief, et doré.

82 — Une garde d'épée de cour, en bronze du Tonquin, ornements à jours, et doré en partie.

83 — Deux petites coupes, l'une agate orientale,
l'autre en jaspe fleurie, montées à trépieds,
en bronze doré.

84 — Deux coupes, l'une de forme ovale, en agate
des Indes, l'autre ronde en pudding.

85 — Une coupe ronde, jolie forme et bien évidée,
en jaspe jaune.

86 — Deux coupes rondes en agate d'Allemagne,
montées à griffes de lion et à anses en bronze
doré.

87 — Une petite aiguière en quartz vert crisophrase,
montée en bronze ciselé et doré au mat.

88 — Une plaque carrée, en jaspe vert, veinée
jaune de Sibérie, montée en guise de petite
table en bronze doré.

89 — Deux toutes petites colonnes en jaspe fleurie,
surmontées de boules, bases et chapiteaux
en bronze doré; l'embase est ornée de
quatre lions couchés.

90 — Une coupe en jade vert, de forme elliptique,

à anse tête de chimère, prise dans la masse et gravée.

91 — Deux petits vases et leurs couvercles, en bois pétrifié, à gorges en bas or étranger.

92 — Un pied de coupe en cristal de roche taillé, formé par un poisson chimérique, supporté par une coquille, virole en argent doré.

93 — Une petite corbeille à anse, à chaînette en or, et une cuvette de tabatière en cristal de roche taillé.

94 — Quatre petits gobelets à liqueur, en cristal de roche taillé à pans,

95 — Un petit vase en burgau, orné et supporté par un dragon ciselé en argent.

96 — Deux pots-pourris, forme panier, en laque de Chine, ancienne monture en bronze ciselé et doré.

97 — Une coupe en pudding, montée à griffes d'aigle en bronze doré.

98 — Une petite coupe taillée à côtes, en jaspe rouge; la monture formée par quatre Folies en bronze doré, modèle Goutthière, supportent ladite coupe.

99 — Un fruit évidé et à branches à jours, en agate accidentée rouge et blanc, travail chinois d'une grande difficulté.

100 — Une grande agate orientale, taillée en forme de fruit évidé et feuilles accidentées blanches en relief, travail chinois.

101 — Une boîte et son couvercle, en jade blanc verdâtre, taillé en forme de feuille de nénufar; l'intérieur évidé à trois compartiments,

et anse prise dans la masse, ancien travail de la Chine.

102 — Une petite coupe en jade vert, forme ovale demi-elliptique, à anse chimère à jours, prise dans la masse.

103 — Une coupe ronde en sardoine, fendue en deux morceaux et recollée.

104 — Deux plaques carrées, en agate orientale, montées en guise de petites tables à galeries à jours, en bronze ciselé et doré, modèle de Goutthière.

105 — Une figurine en ivoire sculpté : Saturne ou le Temps, dévorant ses enfants.

106 — Une petite tasse et sa soucoupe, en agate orientale blonde, herborisée en partie.

107 — Un petit groupe en ivoire sculpté : la Fuite en Egypte, la sainte Vierge tenant l'enfant Jésus, dormant dans ses bras, et montée sur un âne, ancien travail italien très fin, sur socle en marbre jaune de Sienne et vert de mer.

108 — Une petite coupe et une soucoupe en agate orientale blonde ; la soucoupe est montée à trépieds griffes d'aigle, en bronze doré mat.

109 — Un petit groupe en ivoire sculpté : Satyre dansant et jouant de la flûte de Pan ; à ses pieds un jeune Satyre monté en bronze au vert.

110 — Deux petits pots-pourris forme de panier carré en porcelaine de Chine gaufrée, fond gris et feuilles émaillées vert, monture ancienne en bronze doré.

111 — Un gobelet en cristal de roche, de forme cy-

lindrique élevée, gravé à ornements et guirlandes, un peu écorné en haut, ancienne
monture allemande en argent doré.

112 — Une petite coupe ronde en lapis lazuli, piédouche, bronze doré, socle carré en porphyre oriental.

113 — Un joli petit vase ovale bien évidé, en jaspe
héliotrope, monture en bronze doré et
ciselé.

114 — Petite coupe ronde en jaspe sanguin, taillée à
côtes, montée à serpent, formant trépied en
bronze doré, sur socle en albâtre oriental.

115 — Deux petites coupes rondes en jade blanc à
anses prises dans la masse, grec et boutons
d'ornements taillés en relief.

116 — Une belle coupe en jaspe tiqueté, taillée en
forme de coquille marine contournée sur
piédouche en argent doré.

117 — Une coupe de moyenne grandeur en jaspe de
Sicile (universel), taillée à côtes, forme qua-
drille alongé, à anses prises dans la masse,
et coquilles grayées en relief faisant ornements.

118 — Une coupe ronde en jaspe vert (restaurée),
montée à trépied à têtes et griffes d'aigles en
bronze ciselé et doré, modèle de Goutthière.

119 — Une coupe forme ovale allongée, cannelée en
dedans et en dehors en agate de l'Inde,
mascaron en relief faisant anses, montée en
bronze doré au mat sur socle carré applati,
en marbre noir.

120 — Statuette : Mercure, d'après Jean dit de Bologne, bronze d'une ancienne fonte.

121 — Un vase en cristal de roche, de forme alongée taillé à pans, monté à anses , serpents et piédouche en bronze ciselé et doré.

122 — Deux petits vases de forme ronde sur piédouche, à anses prises dans la masse en jaspe héliotrope, petites plinthes carrées de la même nature, et sur socles en marbre serpentin, les anses en bronze doré sont formées par des serpents enlacés.

123 — Une grande coupe ronde en jade vert, pied de la même matière, ancienne monture du xvie siècle en argent doré.

124 — Un très beau gobelet et son couvercle en cristal de roche, taillé à pans.

125 — Petite statuette équestre en argent, doré en partie : Cromwell sur socle en ébène, travail très soigné de son temps, fin du xviie siècle.

126 — Une grande coupe ronde en albâtre oriental, taillée à côtes à ornements peints et dorés, montée en filigrane d'argent doré, et contenant à l'intérieur un antidote de poison, pierre enchâssée de même en filigrane.

127 — Un plateau ovale en lapis lazuli de Perse monté en bronze doré.

128 — Deux socles carrés en lapis lazuli, placage, montés en bronze doré.

129 — Un cippe en terre cuite, haut-relief : Enfants et Dauphin enlacés, travail de François Fla-

mand, surmonté d'une petite urne étrusque
et monté en bronze doré.

130 — Deux vases forme Médicis, en prime de gre-
nat, bien évidés, anses mascarons en bronze
doré, objet très rare et curieux.

131 — Un groupe en terre cuite attribué à François
Flamand : Enfants et Chèvre, socle en bois
doré.

132 — Une coupe ronde en lapis lazuli de Perse, un
lion gravé en relief à l'intérieur, une légère
restauration au bord, supportée par trois
nymphes en bronze doré, sur socle rond en
porphyre de Suède.

133 — Une très grande et très belle coupe en lapis
lazuli ,à trépied et plinthe de même nature,
forme d'autel antique, taillée à gaudron et
cannelure, montée en bronze doré mat, époque de l'Empire. Cette pièce capitale com-
posée de morceaux pris en partie dans la
masse, mérite sous tous les rapports l'atten-
tion de MM. les amateurs.

134 — Deux belles coupes rondes en quartz blanc sur
de petits plateaux à piédouche, travail chinois, repercées à jours, et taillées en pâte de
riz; article très rare par son ensemble et
ses jolies formes.

135 — Deux compotiers carrés en porcelaine de
Sèvres, l'un en pâte tendre, l'autre dure, fond
blanc et fleurs émaillées.

136 — Deux autres en porcelaine de vieux Sèvres,

pâte tendre, forme carrée à bord bleu bar-
beau, fond bleu et roses en couleur.

137 — Six belles assiettes en porcelaine de Sèvres,
pâte tendre, fond blanc, bord bleu de roi
et ornements dorés.

138 — Une belle tasse carrée et sa soucoupe en porcelaine de Sèvres, pâte tendre, fond bleu de
roi, émaux blancs, et ornements d'or en
relief.

139 — Autre tasse carrée et sa soucoupe plus grande
en porcelaine, pâte tendre, fond bleu de
roi, bord, émaux et feuillages variés de couleur, en relief.

140 — Une autre belle tasse carrée et sa soucoupe en
porcelaine vieux Sèvres, pâte tendre, fond
bleu de roi, à médaillon émaillé rouge et
guirlandes d'or en relief.

141 — Une très grande et très belle tasse carrée et sa
soucoupe en porcelaine de vieux Sèvres,
pâte tendre, fond vert, enrichie d'émaux en
relief, imitant la turquoise, le rubis, des
bouquets de fleurs et beaux ornements. Nous
nous abstenons de faire l'éloge des quatre
tasses. MM. les amateurs sauront les appré-
cier et leur rendre justice. Elles provien-
nent de la vente Labeaume.

TROISIÈME VACATION.

Mercredi, 22 décembre 1841.

142 — Trois pots à crème, en porcelaine moderne de

Sèvres, forme vases étrusques, dont deux fond gros bleu, et l'un fond vert et or.

143 — Deux tasses et leur soucoupe, même porcelaine, forme basse évasée, fond gros bleu, et guirlandes de fleurs.

144 — Une écuelle et son plateau en ancienne porcelaine de Sèvres, pâte dure, fond blanc, à ornements dentelles, dorés.

145 — Deux étuis à aiguilles, dont l'un en ivoire sculpté, ornements coquillage ; l'autre, forme plate en écaille, et posé or.

146 — Deux tasses et leur soucoupe en porcelaine de Chine, fond blanc, ornements bleu, à double fond et à jour.

147 — Trois assiettes en porcelaine française moderne, dont l'une à sujet d'après Demarne ; l'autre à fleurs, et la troisième de Sèvres, à sujet, paysage des environs de Lutzen.

148 — Un cabaret en porcelaine de Sèvres, pâte dure, composé d'une assiette, d'une théière à anse en vermeil, d'un sucrier et d'une tasse, à fond laque noir, et ornements chinois, or.

149 — Deux objets en ivoire sculpté, dont l'un, bas-relief, Henri IV casqué, et signé le Clerc ; l'autre une navette repercée à jour.

150 — Quatre objets, dont un petit plateau carré en filigrane, cuivre doré ; un petit carlin et deux petites brebis en ancienne porcelaine de Saxe.

151 — Un petit poussah en porcelaine, céladon bleu, sur socle en bois de fer sculpté.

152 — Une tasse, forme tulipe, en céladon violacé,
une figurine à l'intérieur, montée à anse,
torsade en bronze doré (restaurée).

153 — Une jolie gaîne de couteau, en bois sculpté, à
bas-reliefs, sujets divers, et portant la date
de 1515.

154 — Un paon en ancien céladon de différentes
couleurs; le couvercle est refait et la crête
recollée.

155 — Deux poires à poudre en corne de cerf, sculptée
à blanc, à bas-relief, ornements et portraits
de Henri IV et Catherine de Médicis.

156 — Deux petites figurines, ivoire sculpté : un grif-
fon et un lion fracturé.

157 — Une figurine en ancienne porcelaine de Saxe :
Homme tenant une corbeille sur ses ge-
noux, servant de porte-cure-dents.

158 — Une figurine en racine de buis sculpté : Bacchus
pressant du raisin dans une coupe.

159 — Deux tasses et leur soucoupe en porcelaine
de Sèvres, pâte tendre, dont l'une fond
jaune et forme carrée, l'autre à ornements,
médaillons écussons vert, forme cul-de-
poule, à deux anses.

160 — Une jolie cuillère en ivoire sculpté, travail
du xvie siècle ; le manche est formé par deux
enfants entrelacés, portant des fruits.

161 — Un petit groupe, ébauche en terre cuite :
Nymphe assise sur une roche, à ses côtés
une chèvre qui broute.

162 — Martyre : Femme couchée, ayant la nuque tran

chée. Copie d'un tombeau, ivoire sculpté, d'un grand mérite.

163 — Un petit socle, de forme cylindrique, en ivoire sculpté, sujet bas-relief : Marche et danse d'enfants.

164 — Deux Chinois montés sur des rochers, en ancienne porcelaine céladon.

165 — Petit bas-relief, en ivoire sculpté : Enfants essayant de boire dans une grande aiguière ; attribué à François Flamand ; cadre en bronze doré.

166 — Belle béquille de canne, en ambre doré : Levrette couchée.

167 — Petit magot tenant un sceptre dans ses mains, bois sculpté, d'un travail chinois très fin.

168 — Une poire à poudre, en cuivre bouilli, chef-d'œuvre de maîtrise, très riche d'ornements en relief, et portant le médaillon d'un souverain allemand.

169 — Saint Jérôme vu à mi-corps, bas-relief carré, ivoire sculpté ; travail ancien d'une grande vigueur.

170 — Un magot, figurine assise sur un rocher ; travail chinois, en bois sculpté ; le socle de même, en bois sculpté, représente un tronçon d'arbre ; la main droite de la figure, tenant un crayon, nous a paru refaite.

171 — Deux jolies coupes, en vieux laque, fond aventuriné, et une navette en tôle burgauté.

172 — Un étui contenant trois petits bas-reliefs, en bois sculpté, d'une très grande finesse,

sujets : la Religion, la Foi et l'Espérance ; cadres en ébène.

173 — Une très belle anse d'aiguière, en ivoire sculpté, travail du xvie siècle, formée par trois figurines, et ornements entrelacés.

174 — Deux jolis petits plateaux carrés, en laque de Chine usé, très fin, et une petite boîte en laque, de forme ovale.

175 — Une figurine en ivoire sculpté, d'un si beau faire, qu'il a toujours été regardé comme étant de François Flamand ; sujet : Enfant couché sur un lit, en bronze doré.

176 — Deux petits plateaux carrés, contournés, en laque burgauté, très fin, dans leur étui.

177 — Deux petits bas-reliefs, en ivoire sculpté, provenant d'un dyptique ; sujet de sainteté ; travail très fin du xve siècle, cadres en bois noir.

178 — Une lampe en bronze florentin, d'une très grande finesse, formée par une Naïade à califourchon sur un monstre marin.

179 — Un très petit cabinet, en laque de Chine, d'une belle qualité, formé de trois petites boîtes et leur plateau, superposé et recouvert de leur enveloppe, formant table, l'intérieur à fond aventuriné.

180 — Très beau groupe en ivoire sculpté : l'Amour domptant la Force représentée sous la figure d'un lion ; socle en bois noir, orné de guirlandes en ivoire sculpté, travail du xviie siècle.

181 — Une boîte à thé, en vieux laque, à fleurs de

rapport, et oiseaux doré, en relief, la charnière et fermeture or.

182 — Un bas-relief en ivoire sculpté, par François Flamand : enfants jouant avec une chèvre, cadre en ébène.

183 — Une coupe ovale en agate orientale, montée à à gorge et pieds de boucs en bronze ciselé par Goutthière, et doré.

184 — Un flacon forme bouteille en cristal de roche, très fin de taille et gravure, objet très rare.

185 — Un ventail de dyptique en ivoire sculpté et repercé à jours : trois Apôtres dans des niches ornées de figurines et à dentelles, travail de la plus grande finesse du XIVe siècle, cadre en bois noir.

186 — Une écritoire en vieux laque, belle qualité, forme carré-long, l'intérieur est aventuriné et porte l'écusson du dauphin de France.

187 — Une coupe carré-long, en agate orientale, montée à gorge et pieds de bouc, en bronze doré, modèle de Goutthière. Cet objet pourra faire pendant à la coupe ovale précédente.

188 — Un petit vase en cristal de roche taillé, à côtes et à gaudrons, monté à pannier, le pied et l'anse en or.

189 — Une jonque de plaisance chinoise, formant cabinet, en vieux laque très beau, et à persiennes, burgautée.

190 — Un vase brûle-parfum, en bronze du Tonquin, à anses et pieds roseaux.

191 — Un coffret carré de forme haute, en agate

orientale, monté en vermeil, de l'époque de
l'empire.

192 — Une belle boîte carré-long en vieux laque, à
feuilles et ornements d'or en relief, et lo-
sanges.

193 — Deux coupes en agate orientale, richement
montées à trépieds, en bronze doré, par
Goutthière, sur socle et plinthe, en porphyre,
oriental, ornées de guirlandes de fleurs, en
bronze doré.

194 — Une belle coupe en émail de Limoges, grisaille,
sujet et inscription à l'intérieur, très riche
d'ornements à l'extérieur, supposée de
Pierre Rexmond, et portant la date de
1558.

195 — Les cinq fruits sacrés de la Chine, en laque
doré, de la plus grande beauté et légèreté,
dans leur étui. Cet objet est très rare et curieux.

196 — Un petit vase en porcelaine de Chine, fond
blanc tacheté de couleur brique clair, sur
pied en bois sculpté (légèrement écorné au
goulot).

197 — Une belle coupe ronde en cristal de roche, taillée à côtes et gravée; les anses sont prises dans
la masse d'une très grande finesse d'exécution.

198 — Un grand et très beau dyptique en ivoire
sculpté, travail du xive siècle, à six bas-reliefs, d'une belle composition, sujet de sainteté; sa monture en argent du temps.

199 — Une grande belle coupe et son couvercle en

émail de Limoges , peint en grisaille , par
Pierre Rexmond , à sujets et ornements
d'une belle et riche composition ; elle porte
les armoiries d'un cardinal et la date de
1544 , le bouton du couvercle est en argent
doré et représente un chevalier.

200 — Une grande et belle cassolette en bronze du
Tonquin, figurant un fruit nénuphar, dont
les branches et feuilles forment les pieds,
les ornements et boutons du couvercle.

201 — Une grande très belle terre cuite par Clodion,
groupe d'une grâce exquise, composé d'un
Satyre embrassant une Nymphe, et tenant
dans sa main gauche au dessus de sa tête
une couronne de roses , à ses côtés un jeune
Satyre tient une flûte de Pan.

202 — Une aiguière d'une forme très gracieuse en
corne de cerf, l'anse et la frise de la panse
en ivoire sculpté, représentant des enfants
et une louve enlacés, et des enfants jouant
et dansant, dont la composition et la sculp-
ture ne laissent rien à désirer.

203 — Une grande cassolette brûle-parfums en bronze
du Tonquin, à grosse panse et à contours ,
incrustée d'ornements très fins en argent ;
les pieds sont formés par des têtes d'éléphans
s'appuyant sur leurs trompes, le socle et le
couvercle en bois de fer sculptés et repercés
à jours (le couvercle est cassé, mais facile à
restaurer).

204 — Un beau groupe, terre cuite, par Clodion, pouvant faire pendant au précédent : Satyre ,

Nymphe et jeune Satyre, dansant ; la composition, la pureté et la grâce de cette belle production ne laissent rien à désirer.

205 — Un très grand et très beau vase en bronze du Tonquin à ornements très fins, damasquiné en argent, d'une forme élevée et gracieuse, à contours ; les anses sont formées par des têtes d'éléphants, tenant dans leurs trompes des anneaux, sur pied en bois de fer sculpté, figurant des Chimères. Cet objet est un des plus capitaux dans ce genre.

206 — Un très grand et magnifique groupe en terre cuite, par Clodion, de la plus grande pureté, représentant un Satyre cherchant à enlever une Nymphe, un jeune Satyre près de lui le retient de sa main droite et veut le frapper de l'autre.

207 — Un Christ en ivoire sculpté d'un seul morceau, de 58 centimètres de haut, signé Girardon, dont l'expression de la tête et la beauté du du travail sont dignes sous tous les rapports du nom de l'artiste.

208 — Un autre et dernier groupe en terre cuite, par Clodion, grande dimension, pouvant faire pendant au précédent : Satyre courant, emportant une Nymphe, qu'il tient attaché par des liens de fleurs, et donnant la main à un jeune Satyre qui l'accompagne.

209 — Deux grandes belles plaques en émail bizantin, provenant d'un reliquaire, sujet : l'Adoration des rois Mages, et saint Nicolas, etc., avec inscription.

210 — Quatre très beau panneaux en vieux laque de
Chine, enrichis de figures en relief doré ;
ce bel article provient d'un ancien cabinet.

Imprimerie et Lithographie de Maulde et Renou, rue Bailleul, 9-11.